RENTE 4 $\frac{1}{2}$ %

CONVERSION FACULTATIVE

POUR L'ÉTAT :

Économie de 153 MILLIONS

POUR LES RENTIERS :

Augmentation de 8 % du Capital

PÉTITION

ADRESSÉE A LA CHAMBRE DES DÉPUTÉS

PARIS

IMPRIMERIE ET LIBRAIRIE CENTRALES DES CHEMINS DE FER

IMPRIMERIE CHAIX

SOCIÉTÉ ANONYME AU CAPITAL DE CINQ MILLIONS

Rue Bergère, 20

1890

RENTE 4 ¹/₂ %

CONVERSION FACULTATIVE

POUR L'ÉTAT :

Économie de 153 MILLIONS

POUR LES RENTIERS :

Augmentation de 8 % du Capital

PÉTITION

ADRESSÉE A LA CHAMBRE DES DÉPUTÉS

PARIS

IMPRIMERIE ET LIBRAIRIE CENTRALES DES CHEMINS DE FER

IMPRIMERIE CHAIX

SOCIÉTÉ ANONYME AU CAPITAL DE CINQ MILLIONS

Rue Bergère, 20

1890

Paris, le 16 décembre 1890.

M

La *BANQUE CENTRALE DE PARIS* a l'honneur de recommander à votre bienveillante attention le projet suivant de **Conversion facultative de la Rente** $4\ ^{1}/_{2}\ \%$, lequel, tout en procurant aux porteurs de cette Rente une augmentation de leur capital, procurerait également au Trésor une **Économie de 153 millions.**

BANQUE CENTRALE DE PARIS,

20, Avenue de l'Opéra.

RENTE 4 $\frac{1}{2}$ %

CONVERSION FACULTATIVE

POUR L'ÉTAT :

Économie de 153 Millions

POUR LES RENTIERS :

**9 fr. 25 d'augmentation de leur Capital
par coupon de 4 fr. 50 de Rente 4 1/2**

PÉTITION

ADRESSÉE A LA CHAMBRE DES DÉPUTÉS

(Extrait du journal la Défense Publique *du 15 décembre 1890.)*

Il ne faut pas se dissimuler que le programme de M. Rouvier se résume en ces quelques mots : « La rente 3 0/0 au pair pour faire la conversion du 4 1/2 sur ce cours. »

Tous les efforts de notre Ministre des finances tendent à ce but.

Les décisions prises vis-à-vis des Caisses d'épargne ; l'élévation à 4 0/0 de l'impôt sur les valeurs ; les expédients employés pour équilibrer le budget.

*

jusqu'à l'emprunt qui a été voté, indiquent avec quelle énergie le Ministre des finances est décidé à combattre son ennemi juré le 4 1/2.

Il était facile cependant d'obtenir l'équilibre du budget sans recourir à de nouvelles taxes vexatoires et anti-économiques. Il suffisait de demander une conversion facultative du 4 1/2 et de l'effectuer dans des conditions assez avantageuses pour en assurer le succès, en faisant réaliser à l'État les importantes économies recherchées.

Puisqu'un emprunt était inévitable, pourquoi n'en avoir point fait une opération beaucoup plus vaste en y comprenant la conversion facultative du 4 1/2?

Au taux d'émission de cet emprunt, par chaque 4 fr. 50 de 4 1/2, le Trésor donnerait 3 fr. 75 de rente 3 0/0 nouvelle libérée.

L'État bénéficierait de 0 fr. 75 c. par chaque 4 fr. 50 de rente 4 1/2 convertis, soit pour les 305 millions et demi inscrits aux dépenses, une économie annuelle de 51 millions.

Les frais de cette conversion seraient supportés par les porteurs au moyen d'un droit d'échange de titres de 1 franc par 4 fr. 50 de rente. Ce droit produirait sur l'ensemble une somme de 67 millions qui serait suffisante pour couvrir les dépenses. Les rentiers n'hésiteraient pas à accepter cette combinaison leur procurant un petit avantage et détruisant les aléas d'une conversion forcée.

Leur intérêt est facile à établir.

En supposant l'emprunt émis à 94 francs (jouissance janvier), 3 fr. 75 de rente 3 0/0 représentent un capital de. . . . . Fr.   117 50

        A déduire :

1° La différence de revenu sur trois années, soit 3 fois 0 fr. 75. . . . 2 25

2° Frais d'échange de titres . . 1 »   3 25

Le capital ressort à . . . . Fr.   114 25

Le cours actuel du 4 1/2 est de . . . 105 »

Il résulterait donc une augmentation de capital de. . . . . Fr.   9 25 par chaque 4 fr. 50 de 4 1/2.

C'est-à-dire le succès de la conversion facultative assuré, complet.

Par des calculs probants, M. Rouvier établira qu'il compte faire la conversion dans des conditions plus avantageuses pour l'État.

Les chiffres pourront être bons, Monsieur le ministre, mais l'idée sera mauvaise; elle pourrait porter malheur à vos projets.

Vous oubliez que les possesseurs du 4 1/2 sont les anciens porteurs du 5 0/0, qu'ils représentent la génération qui a supporté les dommages de la guerre et les horreurs de la Commune.

Vous oubliez que, ne pouvant plus verser son sang pour la défense de la patrie, cette vaillante génération est venue offrir son or pour la libération du territoire, sans calculer les chances de remboursement, ni la valeur du placement.

Reportez-vous à cette époque et jugez si dans le prêt, il n'y avait pas quelques risques ? Et c'est contre ces confiants prêteurs que vous élaborez vos plans les plus compliqués! C'est à leur faire perdre quelques décimes de revenus et quelques francs de capital que tendent vos plus savantes combinaisons !

Réfléchissez, Monsieur le ministre ; à côté des engagements matériels, il est des engagements moraux qu'il faut aussi respecter. Vous entraînez le Gouvernement sur une pente dangereuse en le poussant à négliger les engagements contractés vis-à-vis des petits rentiers, qui n'ont pas hésité à confier à la France, dans les moments difficiles où son crédit était discuté, tout ce que l'ennemi leur avait laissé d'économies.

Pour vous faciliter cette besogne ingrate, vous comptez sur la majorité de la Chambre, conquise par vos récents succès, pliée sous votre autorité, confiante en vos projets financiers !

Prenez garde, Monsieur le ministre. Stimulée par les revendications de ses électeurs, cette majorité pourrait bien se révolter, et dans un élan de justice et de loyauté, briser le joug sous lequel vous prétendez la maintenir.

C'est ce que révélera l'accueil réservé à la pétition ci-jointe, quand elle parviendra sur le bureau de la Chambre des députés, appuyée de la signature d'un grand nombre d'intéressés.

Vous croyez-vous maître de l'avenir comme de la Chambre ?

Prétendez-vous qu'en trois ans il ne se puisse produire aucun incident capable de changer la tournure du marché financier, de ramener la rente 3 0/0 à un prix qui rendrait la conversion forcée impossible ?

Chaque année de retard coûtera alors à l'État

51 millions, en plus des 153 millions d'économies qu'il n'aura pas réalisées.

Ces chiffres méritent considération ; les députés qui les dédaigneront prendront une lourde responsabilité vis-à-vis de leurs électeurs.

Par ce qui précède, les porteurs du 4 1/2 reconnaîtront que la conversion forcée sera désastreuse pour leur revenu et leur capital.

En se groupant pour aller au-devant du danger, ils peuvent l'amoindrir, ou tout au moins former entre eux une ligue pour la défense de leurs intérêts.

C'est le but que se propose d'atteindre *la Banque Centrale de Paris* en prenant l'initiative de la pétition ci-contre, qu'elle fera déposer et défendre à la tribune de la Chambre, dès sa première séance de janvier.

Les porteurs de 4 1/2 comprendront l'importance de cette ligne de défense, dont le devoir sera d'obtenir, si possible, la conversion anticipée sur les bases fixées ci-dessus, ou bien d'organiser une sérieuse résistance contre la conversion forcée ou *tous autres projets* désavantageux, touchant le 4 1/2 0/0.

Présentement, ils doivent au plus tôt remplir et signer le bulletin ci-après et l'adresser affranchi *à la Banque Centrale de Paris*.

Nous recommandons aux lecteurs de ces lignes d'entreprendre la plus active propagande, pour obtenir l'adhésion de ceux qui n'auraient pas eu connaissance de cet article.

Il faut agir promptement, le temps étant plus que restreint !

La valeur de la pétition dépendra du nombre d'adhérents et du chiffre de rente qu'ils représenteront.

PETITION

ADRESSÉE AUX MEMBRES DE LA CHAMBRE DES DÉPUTÉS

PAR LES PORTEURS DE RENTE 4 1/2 0/0

MESSIEURS LES DÉPUTÉS,

Les soussignés, tous porteurs de Rente française 4 1/2 0/0, ont l'honneur de solliciter une addition à la loi d'emprunt que vous avez votée dans votre séance du 11 décembre, ou le vote d'une loi nouvelle qui leur donnera le droit de convertir 4 fr. 50 de rente 4 1/2 0/0 contre 3 fr. 75 de rente 3 0/0, entièrement libérée, de la nouvelle émission.

Pour couvrir les frais nécessités par cette conversion, les soussignés s'engagent à payer un droit d'échange de titres de 1 franc par 4 fr. 50 de rente 4 1/2.

Ile espèrent en votre haute impartialité pour obtenir l'examen de cette combinaison qui réunit les avantages suivants : importante économie budgétaire, unification de la dette dans des conditions raisonnables pour l'État et les intéressés. Sécurité assurée au marché financier en le débarrassant des aléas attachés jusqu'en 1893 à un fonds représentant une forte partie de la dette publique.

En un mot, tous les éléments utiles pour confirmer la valeur du crédit de la France.

Agréez, Messieurs les députés, etc., etc.

(Suivent les signatures et adhésions.)

BULLETIN D'ADHÉSION A LA PETITION

RELATIVE A LA

Conversion facultative de la Rente 4 $^1/_2$ %

Monsieur le Directeur de la BANQUE CENTRALE DE PARIS,

Avenue de l'Opéra, 20, Paris.

Je m'empresse de vous adresser mon adhésion à la pétition présentée, sur votre initiative, à la Chambre des Députés, pour obtenir la conversion facultative de la rente 4 $^1/_2$ % aux conditions qui y sont stipulées. Au cas où cette conversion aurait lieu, je vous promets la minime rétribution de dix centimes, par 4 fr. 50 de Rente 4 $^1/_2$, demandés en remboursement de vos frais.

Je, soussigné (nom et prénoms) ____

demeurant à (adresse) ____

propriétaire de (en toutes lettres) ______________________________ *francs de rente 4 $^1/_2$ %, déclare*

donner mon adhésion pleine et entière et signer la pétition présentée à la Chambre des Députés pour obtenir

la conversion facultative du montant de la rente 4 $^1/_2$ % que je possède.

Signature : ____

Adresse : ____

N. B. — Faire légaliser la signature autant que possible.

_______________________ *le* ____________________ *189*

NOTA

Le bulletin d'adhésion ci-contre à la pétition doit être détaché de la présente, rempli, signé et adressé affranchi à

M. le Directeur de la BANQUE CENTRALE DE PARIS,

20, Avenue de l'Opéra, Paris.

Le signataire devra indiquer en toutes lettres la quantité de rentes 4 1/2 qu'il possède et touche chaque année (mais non le capital que cette rente représente).

La *Banque Centrale de Paris* prie instamment les adhérents de ne joindre *aucun titre* ou *coupon* de rente à leur bulletin d'adhésion.

Pour se couvrir des frais de publicité, d'impression et autres que la présente pétition nécessitera, la *Banque Centrale de Paris* prélèvera 0 fr. 10 c. (dix centimes), par 4 fr. 50 de rente 4 1/2 sur chaque adhésion, *mais seulement au cas où la conversion facultative aurait lieu.*

PARIS. — IMPRIMERIE CHAIX, 20, RUE BERGÈRE. — 31007-12-90.

www.ingramcontent.com/pod-product-compliance
Lightning Source LLC
LaVergne TN
LVHW021737030726
842523LV00004B/1479